Da Capo Press Music Reprint Series

GENERAL EDITOR: FREDERICK FREEDMAN
Vassar College

The Works of
RICHARD WAGNER

V

DAS LIEBESVERBOT

The Works of
RICHARD WAGNER

Music Dramas

Tannhäuser
Lohengrin
Tristan und Isolde

Early Operas

Die Hochzeit
Die Feen
Das Liebesverbot

Musical Works

Lieder und Gesänge
Chorgesänge
Orchesterwerke [1]
Orchesterwerke [3]

The Works of
RICHARD WAGNER

Edited by Michael Balling

V

[Volume 14]

DAS LIEBESVERBOT
oder die Novize von Palermo
Grosse Komische Oper in Zwei Akten

DA CAPO PRESS · NEW YORK · 1971

A Da Capo Press Reprint Edition

This Da Capo Press edition of *The Works of Richard Wagner* is an un-
abridged republication in seven volumes of *Richard Wagners Werke,*
published originally in ten volumes in Leipzig, 1912-*c*. 1929. It is reprinted
by special arrangement with Breitkopf & Härtel.

Although the first edition was originally projected as a complete compila-
tion of Richard Wagner's musical scores, only the ten volumes now reprinted were ever published.

Library of Congress Catalog Card Number 72-75306
SBN 306-77255-8

SBN (7-Volume set) 306-77250-7

Published by Da Capo Press, Inc.
A Subsidiary of Plenum Publishing Corporation
227 West 17th Street, New York, N.Y. 10011
All Rights Reserved

Manufactured in the United States of America

Richard Wagners
Werke

Richard Wagners Werke

Musikdramen – Jugendopern – Musikalische Werke

herausgegeben

von

Michael Balling

XIV

Das Liebesverbot

Verlag von Breitkopf & Härtel
Leipzig · Berlin
Die Ergebnisse der kritischen Revision sind Eigentum der Verleger

Das Liebesverbot

oder

Die Novize von Palermo

Große komische Oper in zwei Akten

von

Richard Wagner

Partitur

Verlag von Breitkopf & Härtel
Leipzig · Berlin
Die Ergebnisse der kritischen Revision sind Eigentum der Verleger

Vorwort.

Richard Wagner äußerte sich im I. und IV. Band seiner Gesammelten Schriften und Dichtungen über sein Jugendwerk wie folgt: „Auf einer schönen Sommerreise in die böhmischen Bäder entwarf ich (i. J. 1834) den Plan zu einer neuen Oper „Das Liebesverbot". Damals war ich 21 Jahre alt, zu Lebensgenuß und freudiger Weltanschauung aufgelegt; „Ardinghello" und „Das junge Europa" spukten mir durch alle Glieder: Deutschland schien mir nur ein sehr kleiner Teil der Welt. Aus dem abstrakten Mystizismus war ich herausgekommen, und ich lernte die Materie lieben. Schönheit des Stoffes, Witz und Geist waren mir herrliche Dinge: was die Musik betraf, fand ich beides bei den Italienern und Franzosen. Ich gab mein Vorbild, Beethoven, auf. Alles um mich herum kam mir wie in Gährung begriffen vor: Der Gährung sich zu überlassen, dünkte mich das Natürlichste.... Die Frucht all dieser Eindrücke und Stimmungen war die Oper: „Das Liebesverbot oder: Die Novize von Palermo". Den Stoff zu ihr entnahm ich Shakespeares „Maß für Maß", dessen Sujet ich, meiner Stimmung angemessen, in sehr freier Weise, mir zu einem Opernbuch umgestaltete. — — — Der Grundton meiner Auffassung war gegen die puritanische Heuchelei gerichtet und führte somit zur kühnen Verherrlichung der „freien Sinnlichkeit". Das ernste Shakespearesche Sujet gab ich mir Mühe durchaus nur in diesem Sinne zu verstehen; ich sah nur den finsteren, sittenstrengen Statthalter, selbst von furchtbar leidenschaftlicher Liebe zu der schönen Novize entbrennend. Daß diese mächtigen Motive im Shakespeareschen Stücke nur so reich entwickelt sind, um desto gewichtiger endlich auf der Wagschale der Gerechtigkeit gewogen zu werden, taugte mir durchaus nicht zu beachten; es lag mir nur daran das Sündhafte der Heuchelei und das Unnatürliche der grausamen Sittenrichterei aufzudecken. Somit ließ ich das „Maß für Maß" gänzlich fallen, und den Heuchler durch die sich rächende Liebe allein zur Strafe ziehen. Vergleicht man das Sujet mit dem der „Feen", so sieht man, daß die Möglichkeit nach zwei grundverschiedenen Richtungen hin mich zu entwickeln, vorhanden war. Dem heiligen Ernste meines ursprünglichen Empfindungswesens trat hier, durch die Lebenseindrücke genährt, eine kecke Neigung zu wildem, sinnlichem Ungestüme, zu einer trotzigen Freudigkeit entgegen, die jenem auf das lebhafteste zu widersprechen schien. Ganz ersichtlich wird dies, wenn ich namentlich die musikalische Ausführung beider Opern vergleiche. Die Musik übte auf mein Empfindungsvermögen immer einen entscheidenden Haupteinfluß aus. Es konnte dies gar nicht anders sein in einer Periode meiner Entwickelung, wo die Lebenseindrücke noch nicht eine so nächste und scharf bestimmende Wirkung auf mich äußerten, daß sie mir die gebieterische Kraft der Individualität verliehen hätten, mit der ich jenes Empfindungsvermögen auch zu einer bestimmten Wirksamkeit nach außen anhalten konnte. Die Wirkung der empfangenen Lebenseindrücke war nur noch genereller, nicht individueller Art, und so mußte die generelle Musik noch mein individuelles künstlerisches Gestaltungsvermögen, nicht aber dieses jene beherrschen. Die Musik auch zu dem „Liebesverbot" hatte im voraus gestaltend auf Stoff und Anordnung gewirkt, und diese Musik war eben nur der Reflex der Einflüsse der modernen französischen und — für die Melodie — selbst italienischen Oper auf mein heftig sinnlich erregtes Empfindungsvermögen. Wer diese Komposition mit der der „Feen" zusammenhalten würde, müßte kaum begreifen können, wie in so kurzer Zeit ein so auffallender Umschlag der Richtungen sich bewerkstelligen konnte. Die Ausgleichung beider sollte das Werk meines weiteren künstlerischen Entwickelungsganges sein".

Das Werk, das den Ausgleich beider Richtungen dokumentierte, war der „Rienzi". Zur Ergänzung der obigen Äußerungen Wagners sei noch erwähnt, daß die „Feen" im Jahre 1833 begonnen und vollendet wurden, der Entwurf zum „Liebesverbot" dürfte im Mai oder Juni 1834 entstanden sein. Im Juli desselben Jahres trat er als Musikdirektor beim Magdeburger Opernensemble in Lauchstädt ein, hier wurde wohl die Dichtung des „Liebesverbotes" geschrieben. In Lauchstädt entstand auch die von Wilh. Tappert wiedergefundene Skizze zu einer *E dur*-Symphonie (im Beethovenschen Geiste empfangen und ausgeführt schreibt Tappert in seinem Aufsatz über Rich. Wagners zweite Symphonie). Als nächste musikalische Arbeit dürfte gegen Ende des Jahres 1834 der Beginn der Komposition des „Liebesverbotes" angenommen werden, vollendet wurde die Partitur erst im März 1836, und zum ersten und letzten Male ertönte sie in einer hastig einstudierten Aufführung am 29. März 1836. Die Tätigkeit als Kapellmeister an einer Provinzbühne, dazu der Verkehr mit den Künstlern, seine Beziehung zu Minna Planer — alle diese Lebenseindrücke auf den 22jährigen Jüngling muß man im Auge behalten, wenn man dem „Liebesverbot" gerecht werden will. Wagner konnte seine innere Verfassung als 21jähriger nicht besser charakterisieren, als er es oben tut: „Der Gährung sich zu überlassen dünkte mich das natürlichste" — und wir dürfen im „Liebesverbot" das Werk dieser Periode der Gährung erkennen, und müssen bekennen, daß der Künstler, das Genie Wagner seinen inneren Menschen nicht treffender schildern konnte, als er es mit der Oper „Das Liebesverbot" tat. Er mußte dies Werk schreiben, um den Weg für seine weitere Entwickelung zu finden, den Weg zum „Rienzi"; — denn solange er die Gefahr, die feindliche Gegenrichtung zu seinem noch ungekannten besseren Selbst, die ihm im Blute lag, nicht durch Erfahrung kennen lernte, konnte er ihr nicht entrinnen — mit der Niederschrift der Partitur des „Liebesverbotes" entwich er ihr, das beweist gerade die Musik zu „Rienzi". Wie sich seine Entwickelung dann, ungestört durch Lebenseindrücke, vollzog, zeigen die Werke wie sie aufeinander folgen, man halte das Dreigestirn „Die Feen — Das Liebesverbot — Rienzi" und das ihm folgende „Holländer — Tannhäuser — Lohengrin" einander gegenüber, und bedenke, daß als einziges Bindeglied zwischen beiden, der Torso einer Faustsymphonie — die Faustouvertüre — schwebt — so hat man eine grandiose Entwickelung vor sich, wie sie eben nur das Genie zeigen kann.

Revisionsbericht.

Als Stichvorlage diente eine gründlich revidierte Abschrift der Originalpartitur; letztere befindet sich im Bayerischen Nationalmuseum, München, und möchte bei dieser Gelegenheit der Herausgeber der Leitung dieses Institutes seinen herzlichen Dank für das gütige Entgegenkommen betreffs der Benutzung der Originalpartitur gleich einfügen. Die gestochene Partitur ist bis auf Kleinigkeiten (Ergänzung von Vortragszeichen in Fällen, wo solche nicht in allen Instrumenten in der Partitur stehen, und einigen offensichtlichen Schreibfehlern im Notentext, berichtigt) die getreue Wiedergabe der Originalpartitur. Die berichtigten Schreibfehler sind folgende: Seite 407, Takt 7 heißt es in Klarinetten und Fagotten in der Originalpartitur:

Das ist offenbar ein Schreibfehler, denn bei der Wiederholung auf Seite 408, Takt 3 stehen in der Originalpartitur genau dieselben Noten in Klarinetten und Fagotten wie in den Violinen, auch im

11. Takt, Seite 407 steht in der Originalpartitur für die Klarinette dieser Schreibfehler.   Seite 433 Takt 3 steht in der Originalpartitur für die 3. Posaune und Ophikleide:

Ich habe mir erlaubt die beiden Instrumente genau so spielen zu lassen wie die Fagotte und Bässe. Seite 435.   Die Legatobogen über der Achtelfigur der Klarinetten stehen in der Originalpartitur nicht.   Seite 167, Takt 11 steht in der Originalpartitur für die Singstimme auf dem zweiten Viertel ein *fis*, es ist aber wohl gemeint, daß die Singstimme in Gleichklang mit dem Orchester geht. Seite 394.   In der Originalpartitur steht in diesem Terzett über dem deutschen Text von Wagners Hand eine französische Übersetzung; vielleicht bestand während des ersten Aufenthaltes in Paris die Absicht dieses Stück in einem Konzert aufzuführen.   Seite 454. Der Dialog steht nicht in der Originalpartitur; er ist dem 11. Band der sämtlichen Schriften und Dichtungen (5. Auflage, Leipzig, Breitkopf & Härtel und C. F. W. Siegels Musikalienhandlung [R. Linnemann]) entnommen; dort steht unter Quellen und Revisionsvermerke über das „Liebesverbot" folgendes zu lesen: Entwurf: Teplitz, Juni 1834: Gedichtet: Rudolstadt, Sommer 1834. Bisher unveröffentlicht. Hier erstmals gedruckt nach der im Besitz der Krone Bayerns befindlichen Originalpartitur, der in dieser ursprünglich enthaltene Dialog, später eingefügt in einer von Rich. Wagner korrigierten Abschrift des Textbuches, jetzt im Besitz der Library of Congress (Music division) in Washington, nach einer von Dr. Bruno Hirzel daselbst mitgeteilten Abschrift.

Auf Wunsch der Herren Verleger fügt der Herausgeber noch ein Verzeichnis von Kürzungen bei, welche bei Aufführungen der Oper zweckdienlich sein dürften; auch Lichtungen in der oft sehr dicken Instrumentation sind (durch kleinere Noten erkenntlich) in den Orchesterstimmen direkt angedeutet. Die Handlung möglichst in Fluß zu halten, und die Deutlichkeit des gesungenen Wortes tunlichst zu fördern, waren bei dieser Arbeit das Ziel der Bestrebungen. Eine Partitur, in welche die Kürzungen und die damit notwendig werdenden kleinen Änderungen im Noten- und Worttext, sowie auch die Lichtungen in der Instrumentation handschriftlich eingetragen sind, wird vom Verlag auf Wunsch zu Aufführungszwecken zur Verfügung gestellt.

Darmstadt, im Herbst 1922.   Mich. Balling.

Kürzungsvorschläge.

Ouverture.

I. Akt.

Nr.	Seite	nach Takt	auf Takt	Seite	
1	11	1	5	11	
2	15	11	9	16	
3	17	5	2	18	
4	22	7	9	23	
5	24	6	2	25	
6	25	5	7	27	oder gleich auf Seite 29 letzter Takt.
7	32	10	6	39	Änderung S. 39 T. 7 u. f. [Notenbeispiel] folgt T. 13
8	46	5	7	50	
9	69	5	4	72	Die Soli schweigen nach dem Sprung, der Chor singt „so".
10	80	1	3	84	
11	85	7	8	87	
12	99	9	14	99	Singst. singt statt „o" gleich „sprich".
13	99	17	20	99	Singst. singt statt „Sinn" gleich „fleh'n".
14	100	11	1	101	
15	104	3	1	117	Textänderung i. d. Singst. nötig.
16	121	6	1	122	Die Wiederholung fällt somit fort.
17	122	5	1	124	
18	124	4	9	124	
19	130	12	18	130	
20	135	22	10	136	
21	136	19	15	137	
22	147	5	7	154	
23	159	2	14	160	Textänderung: Nach dem Sprung singt Isabella: „fest auf mich er baut" Luzio: „ihr in's Auge schaut" . .
24	161	4	9	161	Textänderung: Vor dem Sprung singt Isabella: „den", Luzio: „wie".
25	161	11	16	161	
26	162	2	9	162	
27	162	11	13	163	Die beiden Singstimmen singen nach dem Sprung: [Notenbeispiel] Kraft
28	182	7			Keine Wiederholung.
29	194	2	8	200	
30	201	8	1	203	
31	203				Keine Wiederholung.
32	204	4	4	205	
33	210	1	3	211	
34	211	6	2	213	Vom letzten Viertel T. 6 aufs letzte Viertel T. 2 wird gesprungen.
35	216	8	7	217	
36	220	1	6	220	
37	221	3	2	222	
38	222	5	3	223	
39	225	4	9	225	Kleine Änderung im Orchester nötig.
40	226	9	2	227	Kleine Änderung im Orchester nötig.
41	229	6	4	230	Kleine Änderung im Orchester u. Singst. nötig.
42	230	4	3	231	Kleine Änderung im Orchester u. Singst. nötig.

Nr. 43 Seite 235 nach Takt 1 auf Takt 4 Seite 235 — Textänderung: Vor dem Sprung singt Claudio: „weil ich ge-", nach dem Sprung: „liebt".
Vor dem Sprung singen die übrigen Soli und der Chor: „Der Tod o", nach dem Sprung: „Gott".

- 44 - 239 - - 14 - - 3 - 241 — Kleine Änderung im Orchester nötig. Die Soli und Chor singen im 1. Takt nach dem Sprung nicht, erst im 2. Takt beginnt der Gesang.

- 45 - 242 - - 6 - - 1 - 243 — Der Sprung beginnt nach dem 1. Viertel des 6. Taktes S. 242 u. dementsprechend auf das 2. Viertel des 1. Taktes 243. Das Orchester pausiert in dem Takt nach dem Sprung.

- 46 - 247 nach 2. Viertel T. 1 auf 3. Viertel T. 6

- 47 - 251 nach Takt 10 auf Takt 11 Seite 252

- 48 - 253 - - 3 - - 8 - 253

- 49 - 260 - - 1 - - 1 - 261 — Textänderung vor dem Sprung nötig.

- 50 - 261 - - 6 - - 9 - 261

- 51 - 262 - - 3 - - 5 - 263

- 52 - 263 - - 7 - - 2 - 265

- 53 - 269 - - 4 - - 1 - 270

- 54 - 270 nach Fermate im Takt 8 gleich auf S. 271 T. 6 drittes Achtel.

- 55 - 285 nach dem 1. Viertel des 11. Taktes auf 2. Viertel Takt 2, S. 287 — Isab. u. Fr. singen allein.

- 56 - 287 nach Takt 4 auf Takt 7 Seite 287 — Isab. u. Fr. singen noch allein.

- 57 - 288 - - 3 - - 1 - 290 — Nach diesem Sprung setzen Soli u. Chor ein.

- 58 - 290 - - 6 - - 7 - 291 — Textänderung vor dem Sprung. Die Soli und der Chor mit Ausnahme des Ang. u. Da. der Bässe im Chor singen: | Ernst, begnadigt |

- 59 - 295 - - 1 - - 6 - 295 — die Chor-Bässe Ang. u. Da. singen: | -chen begnadigt. |

- 60 - 295 - - 7 - - 3 - 296

- 61 - 297 Die Takte 8, 9, 12 u. 13 können fortbleiben.

- 62 - 299 nach Takt 1 auf Takt 7 Seite 300.

- 63 - 305 nach dem 2. Viertel in Takt 5 auf 3. Viertel in Takt 9 Seite 305.

- 64 - 307 nach Takt 3 auf Takt 5 Seite 310

- 65 - 312 - - 3 - - 8 - 321

- 66 - 322 - - 6 - - 6 - 338

- 67 - 339 - - 8 - - 7 - 340

II. Akt.

Nr. 68 Seite 355 nach Takt 2 auf Takt 3 Seite 360

- 69 - 363 - - 1 - - 1 - 365

- 70 - 376 - - 7 - - 2 - 380

- 71 - 380 - - 9 - - 7 - 381

- 72 - 381 - - 10 - - 2 - 383 — Kleine Änderung im Orchester nötig.

- 73 - 384 - - 6 - - 5 - 385

- 74 - 386 - - 2 - - 9 - 386

- 75 - 392 - - 5 - - 10 - 392

- 76 - 394 - - 3 - - 3 - 395

- 77 - 397 - - 9 - - 12 - 397

- 78 - 401 - - 9 - - 6 - 407

- 79 - 418 - - 7 - - 1 - 424

- 80 - 424 - - 2 - - 3 - 425 — Vor dem Sprung letztes Viertel bleibt A dur wie auf dem 3. Viertel, die Singst. singt e, die Violin., Fl. etc. spielen cis statt his die Bässe a statt fis.

- 81 - 425 - - 5 - - 5 - 426

- 82 - 426 - - 6 - - 5 - 427

- 83 - 448 - - 4 - - 4 - 449

- 84 - 524 - - 5 - - 5 - 527 — Textänderung nach dem Sprung: Isabella singt: „frei", Luzio: „schlimm, sonst steht es schlimm". Do. und B. schweigen auf dem ersten Viertel dieses Taktes.

- 85 - 528 - - 6 - - 3 - 531

- 86 - 539 nach dem 2. Viertel in Takt 8 springt es auf das 3. Viertel in Takt 1 Seite 542 | das Orchester pausiert in Takt 1 Seite 542 und setzt erst im 2. Takt ein.

Das Liebesverbot.

„Ich irrte einst, und möcht’ es nun verbüßen;
Wie mach’ ich mich der Jugendsünde frei?
Ihr Werk leg’ ich demütig Dir zu Füßen,
Daß Deine Gnade ihm Erlöser sei.“

Luzern. Zu Weihnachten 1866.

Richard Wagner.

Personen:

Friedrich, ein Deutscher, in Abwesenheit des Königs Statthalter von Sizilien		Baß
Luzio } zwei junge Edelleute		Tenor
Claudio }		
Antonio } ihre Freunde		Tenor
Angelo }		Baß
Isabella, Claudios Schwester } Novizen im Kloster der Elisabethinerinnen		Sopran
Mariana . . . . }		
Brighella, Chef der Sbirren		Baß buffo
Danieli, Wirt eines Weinhauses		Baß
Dorella, früher Isabellas Kammermädchen } in Danielis Diensten		Sopran
Pontio Pilato . . . . }		Tenor buffo

Gerichtsherren, Sbirren, Einwohner jedes Standes von Palermo, Volk, Masken, ein Musikkorps.

Palermo im 16. Jahrhundert.

Das Liebesverbot

oder

Die Novize von Palermo

Große komische Oper in zwei Akten

von

Richard Wagner

Nr. 1. Ouverture.

Stich und Druck von Breitkopf & Härtel in Leipzig.

Erste Ausgabe 1922.
R. W. XIV.

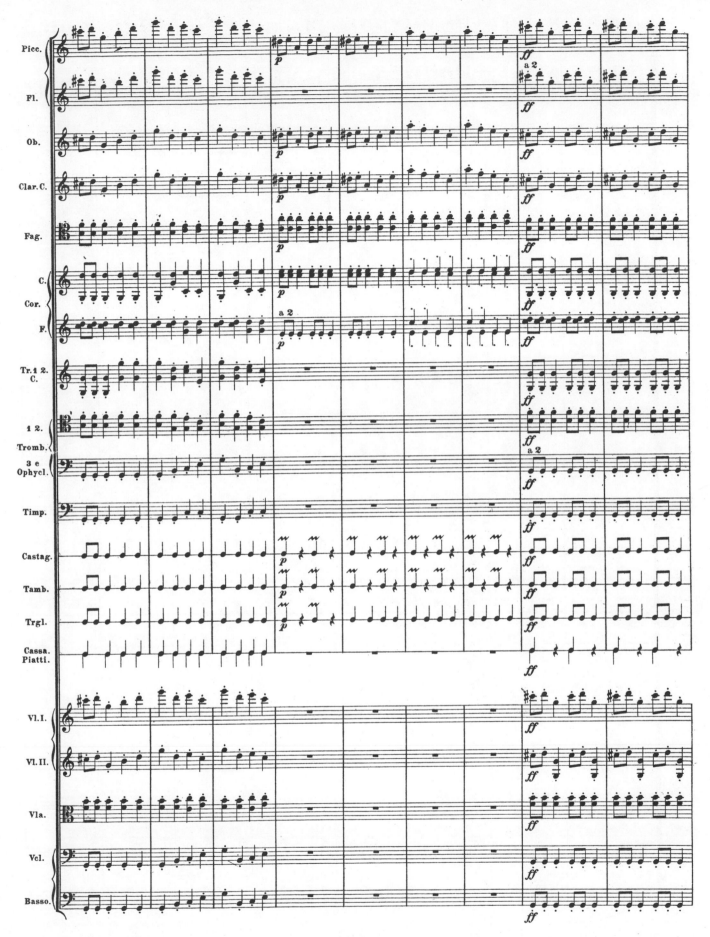

1

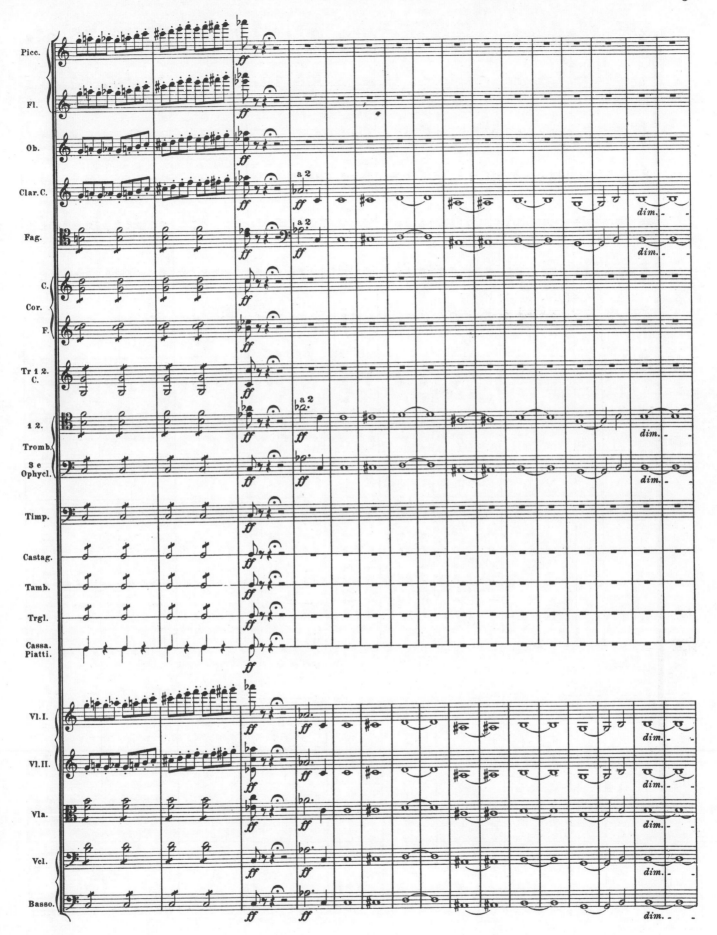

6

8

10

R. W. XIV.

R. W. XIV.

R.W. XIV.

R.W. XIV.

4
Picc.
Fl.
Ob.
Clar. C.
Fag.
C.
Cor.
F.
Tr. 1 2.
C.
1 2.
Tromb.
3 e
Ophycl.
Timp.
Castag.
Tamb.
Trgl.
Cassa.
Piatti.
Vl. I.
Vl. II.
Vla.
Vcl.
Basso.
a 2
ff
4

R.W. XIV.

18

21

R.W. XIV.

22

R.W. XIV.

6
Picc.
Fl.
Ob.
Clar. C.
Fag.
C.
Cor.
F.
Tr. 1. 2. C.
1 2.
Tromb.
3 e Ophycl.
Timp.
Castag.
Tamb.
Trgl.
Cassa. Piatti.
Vl. I.
Vl. II.
Vla.
Vcl.
Basso.
a 2
ff
6

28

R. W. XIV.

R. W. XIV.

R. W. XIV.

R. W. XIV.

43

R.W. XIV.

R.W. XIV.

I. AKT.

Nr. 2. Introduction.

Allegro vivace.

Piccolo.

Flauti.

Oboi.

Clarinetti in C.

Fagotti.

Corni 1 2 in C.

Corni 3 4 in Es.

Trombe in C.

Tromboni 1 2.

Trombone 3 e Ophycleide.

Timpani in C. G.

Triangolo.

Gran Cassa e Piatti.

Dorella.

Luzio.

Antonio.

Pontio Pilato.

Angelo.

Danieli.

Brighella.

CHOR. Soprano. Alto. Tenore. Basso.

Violino I.

Violino II.

Viola.

Violoncello.

Basso.

(Vorstadt mit Belustigungsörtern aller Art. Im Vordergrunde das Weinhaus Danielis. Großer Tumult. Eine Schar von Sbirren sind damit beschäftigt, in den Belustigungsörtern und Tabagien Verwüstungen anzurichten; sie reißen die Aushängeschilder herunter, zerschlagen Möbel und Gefäße u.s.w. der Chor des Volkes macht sich über sie her, und sucht ihnen Einhalt zu tun. — Es kommt zu Schlägereien.)

Allegro vivace.

R. W. XIV.

R.W. XIV.

57

R. W. XIV.

58

R.W. XIV.

60

(Brighella mit mehreren Sbirren bringen Danieli, Pontio und Dorella als Gefangene aus dem Weinhaus.)

Do. Was für Be_tra _ gen.

L. blickt. Helft mir, ich komm' vor La_chen

P.P. Fort, Kerl!

Da. Laßt los!

Seht nur! Dort bringt man sie beim Kragen!

Seht nur! Dort bringt man sie beim Kragen!

R. W. XIV.

R.W. XIV.

64

R. W. XIV.

R. W. XIV.

Picc.

Fl.

Ob.

Clar. C.

Fag.

C.
Cor.
Es.

Tr. C.

1.2.
Tromb.
3 e
Ophycl.

Timp.

Trgl.

Cassa.
Piatti.

L.

Faßt an und jagt sie in die Stadt.

Ang.

Was für Be_fehl befolgt ihr

Wir sind der Ü_bermüt'gen satt.

satt.

Wir sind der Ü_bermüt'gen satt, wir sind der Ü_bermüt'gen satt.

Vl. I.

Vl. II.

Vla.

Vcl.

Basso.

R. W. XIV.

Brighella liest das Gesetz vor:

Wir- tief entwürdigt durch das gräuliche Überhandnehmen abscheulicher Lüderlichkeiten und Lasterhaftigkeiten in unserer gottlosen und verderbten Stadt, fühlen uns zur Wiederherstellung eines reineren und gottgefälligeren Wandels, sowie zur Verhütung größerer Ausschweifungen, bewogen, mit exemplarischer Strenge den Grund und die Wurzel des Übels zu vertilgen. Wir befehlen Kraft der uns übertragenen Gewalt hiemit: „Der Carneval, dieses üppige und lasterhafte Fest, ist aufgehoben, und bei Todesstrafe jede Gebräuchlichkeit desselben verboten; alle Wirtschaften und Belustigungsörter sollen aufgehoben und geräumt werden, und jedes Vergehen des Trunkes, sowie der Liebe, werde fortan mit dem Tode bestraft.

Im Namen des Königs,
sein Statthalter Friedrich.

R.W. XIV.

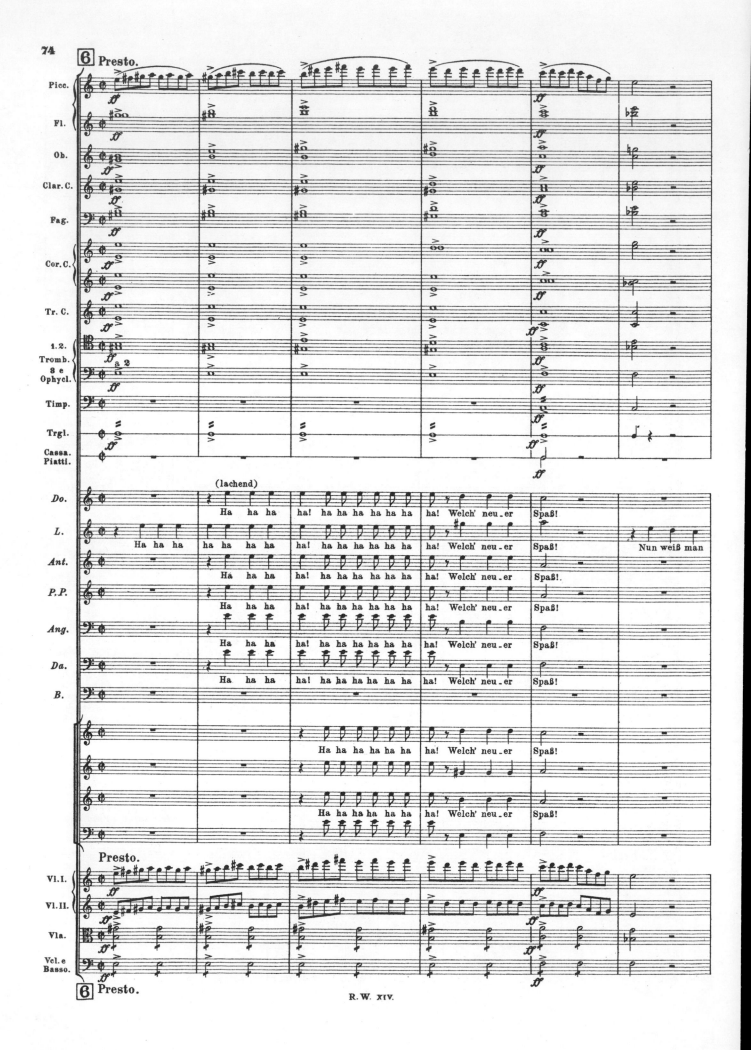

R.W. XIV.

81

82

83

84

R.W. XIV.

85

R.W. XIV.

86

R.W. XIV.

R.W. XIV.

nicht, des Toren Friedrichs neu Ge_setz?   Schon mor_gen! La_che, wer da

Ich la_che drüber, tu es auch!

R.W. XIV.

R.W. XIV.

R.W. XIV.

R.W. XIV.

R.W. XIV.

98

R.W. XIV.

R.W. XIV.

14 Allegro molto vivace.

107

R.W. XIV.

108

R.W. XIV.

R.W. XIV.

R.W. XIV.

118

R.W. XIV

R.W. XIV.

stringendo il tempo

R.W. XIV.

122

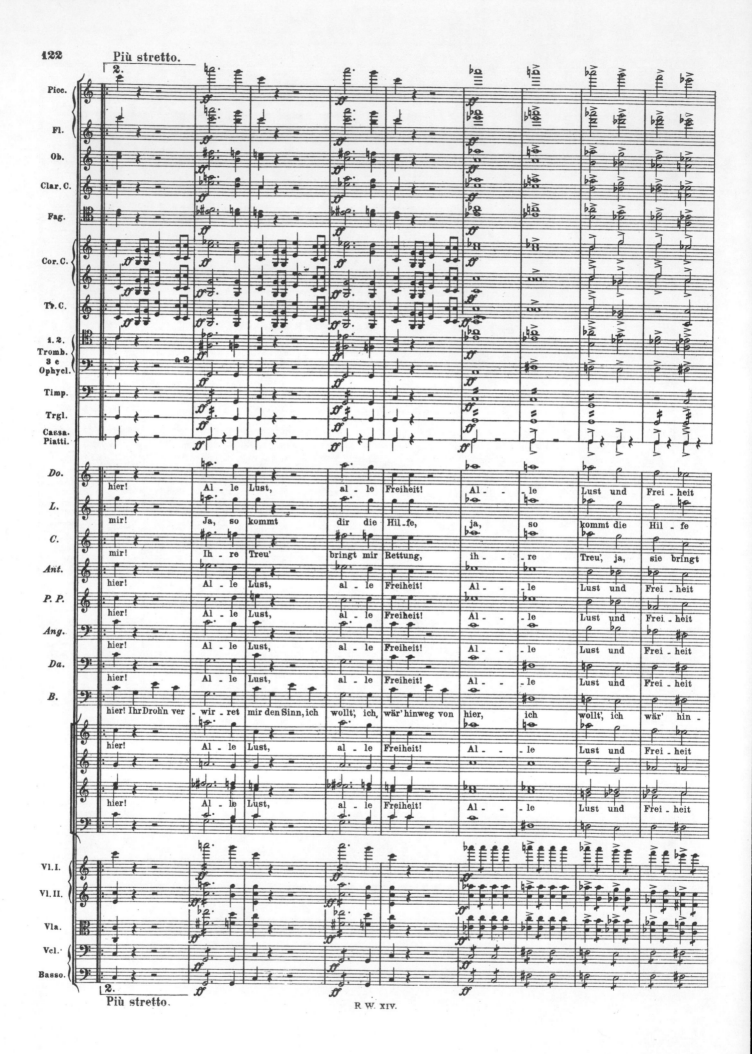

123

R.W. XIV.

Alles zerstreut sich nach und nach im Tumult. – **Brighella** und die Sbirren brechen sich mit ihren Gefangenen mit großer Mühe Bahn durch das Volk.

R.W. XIV.

Nr. 3. Duett.
Isabella und Mariana.

Klosterhof im Kloster der Elisabetinerinnen. Man sieht auf der einen Seite in den Klostergarten, auf der anderen nach der Kirche. Im Mittelgrunde die Pforte.

128

Sopr. **Chor der Nonnen** (hinter der Scene).

Alt. Sal_ve Re _ gi _ na coe _ _ li! Sal _ _ ve!

Mariana.

Isabella.

(Isabella und Mariana kommen aus dem Garten.)   Gött_li_cher

Gött_li_cher

R W. XIV.

Ich ken_ne ihn, den falschen Mann, den Heuchler! O,— der Weiberschmach, daß wir nur weiche Tränen haben, nicht Ra — — che solchem

Andante.

Mariana.

Laß mir die Trä_ne, meinen Trost, Er_gebung lehrt mein neu — er Stand; die Schwe_ster für den fal_schen

Männer_volk!

8 Larghetto.

Freund, gab mir der Him_mel,– bin ich arm?___

Isabella.

Gött_li_ _cher Frie_den, himm_li_sche Ruh,
Ich flie_he gern, die falsche Welt, ich flieh' sie gern, da ich sie nicht ver_

9

ist uns be_ schie_ _den, lä_ chelt uns zu, ist uns be_
nich_ten kann; wo uns ein Fluch ge_fes_selt hält, und nie_mand trotzt dem fre_chen Mann, daß un_

R. W. XIV.

(Es wird an der Pforte geläutet.)

Man läutet, – keine Pförtne_rin? Geh' du, – ich öffne

(Mariana entfernt sich, Isabella blickt ihr nach,
eilt noch einmal auf sie zu, und umarmt sie.)

(Dann geht Mariana ganz ab.)

selbst!

Du Ärm _ _ ste!

Nr. 4. Duett.
Luzio und Isabella.

144

146

147

R.W. XIV.

148

R.W. XIV.

R.W. XIV.

152

10 Tempo I. Allegro giusto.

R.W. XIV.

155

R.W. XIV.

156

12 Più mosso.

teu_ren Bruders Le _ ben, sei mei_nemSchutz ver_traut, ich muß ihm Rettung ge _ ben, da fest auf mich er baut; des

fühl ich mich er_be _ ben, die hol_de Himmels_braut, es muß sich ihr er _ ge _ ben, wer ihr ins Au _ ge schaut.

teu_renBruders Le_ben, sei mei_nemSchutz_vertraut, ich muß ihm Ret_tung ge _ ben, da fest auf mich er baut, da

Wie fühl ich mich er_be_ben, die hol_de Himmels_braut, es muß sich ihr er_ge_ben, wer ihr ins Au _ ge

Recht und Kraft, ja, Recht und Kraft! (Sie eilen ab.)

Mut und Kraft, an Mut und Kraft!

R.W. XIV.

Nr. 5. Arie, Duett, Terzett und Ensemble.

Gerichtssaal mit Tribünen und Gallerien. Brighella mit einer Abteilung von Sbirren, die er am Eingang an ihren Posten stellt.

Wie lang' er bleibt?

Chor des Volkes und der Verhafteten von außen.

R. W. XIV.

166

R. W. XIV.

ba _ risch!   Noch kommt er nicht!   Was tut es denn?   Für ihn will ich   Statthal _ ter

(zu den Sbirren)

sein; statthal _ tert er denn nur al _ lein? He _ da, ihr Kerls, bringt sie her _ ein!   Doch Ei _ nes nach dem An _ dern!

R. W. XIV.

Moderato e maestoso.

(Er setzt sich gravitätisch.)

Jetzt naht mein schönster Au gen blick!

(Pontio wird gebracht.)

Nur im mer nä her her Ge sell!

Schon bin ich nah, ach, wär'ich fern!

Dein Na me Bursche,

171

R. W. XIV.

R.W. XIV.

R.W. XIV.

Ein schwe_res Amt, ich muß ge_stehn;− doch− doch Friedrichs Freu_ _ _de will ich sehn!

(Dorella wird gebracht.)

A_ha, du bist's! Nur nä_her 'ran, nur

nä_ her, näher komm her_ an!

Schon gut, schon gut, schon gut, schon gut, Sig_

Picc. Fl. Clar. A. Fag.

Do. (lachend) Ha ha ha ha!
B. konnt' es dir ge_ra_ten sein, zu trot_zen dem Ver_bo_te blind? Ver_führ_test du in je_nem

Vl. I. Vl. II. Vla. Vcl. Basso.

Picc. Fl. Ob. Clar. A. Fag. Cor. G. D. Tr. D. Timp.

Do. (lachend) Ha ha ha ha ha ha ha ha! Signor!
B. Haus die Män_ner nicht zu Saus und Braus? (auf sie losspringend) Zum Teufel, was lachst du mich aus?

Vl. I. Vl. II. Vla. Vcl. Basso.

182

R. W. XIV.

Picc.

Fl.

Ob.

Clar.A.

Fag.

G.
Cor.
D.

Do.

Wirst du dich fer_ner un_ter_steh'n, unglimpflich mit mir um_zu_geh'n? Du Heuchler,

Vl.I.

Vl.II.

Vla.

Vcl.e
Basso.

Picc.

Fl.

Ob.

Clar.A.

Fag.

G.
Cor.
D.

Tr.D.

Timp.

Do.

du Narr, du Gro_bian, fängst du aus die___sem To_____ne an!

B.

Ist das Be_neh_men vor Ge_

Vl.I.

Vl.II.

Vla.

Vcl.e
Basso.

188

R.W. XIV.

Allegro molto vivace.

R.W. XIV.

R.W. XIV.

198

R.W. XIV.

R.W. XIV.

206

Brighella füllt diese Szene durch allerhand komische Verteidigungsmaßregeln aus, indem er sich mit Stühlen und Tischen eine Schanze errichtet, die Sbirren um sich herum postiert und dergleichen.

attacca

Nr. 6. Finale.

Allegro di molto.

Piccolo.
Flauti.
Oboi.
Clarinetti in B.
Fagotti.
Corni 1 2 in Es.
Corni 3 4 in B basso.
Trombe in Es.
Tromboni 1 2.
Trombone 3 e Ophycleide.
Timpani in Es B.
Triangolo.
Gran Cassa e Piatti.
Dorella.
Antonio.
Pontio Pilato.
Angelo.
Danieli.
Brighella.
Soprano. Alto.
Tenore.
Basso.
Violino I.
Violino II.
Viola.
Violoncello.
Basso.

Isabella, Luzio, Claudio und Friedrich später.

Chor des Volkes u.d. Verhafteten.

Von außen heftige Schläge und Stöße gegen die große Mitteltür.

Allegro di molto.

R.W. XIV.

208

R.W. XIV.

Die Türe springt auf, alles strömt durch sie herein.

210

R.W. XIV.

212

R.W. XIV.

sprich, was ist ge_schehn?

Ver_zeiht, ich wollt' euch Müh' er_spa_ren, ich hielt Ge_richt, fand Wi_derstand_

Beach_te dei _ ne Pflicht, doch wei_ter sollst du dich nie_mals wagen! Still! Und ihr, gebt Ach_tung den Ge_

R.W. XIV.

217

R.W. XIV.

Jetzt zum Ge_richt!   und nie_   _mand stö_ re!

ritard.   a tempo

Antonio.   Eine Deputation von jungen Edelleuten tritt hervor, Antonio an ihrer Spitze überreicht Friedrich eine

pizz.

ein, laßt uns die Lust be_wil_ligt sein! Wir stim _ _men in die Bit_te ein, laßt uns___ die Lust be_

ein, laßt uns die Lust be_wil_ligt sein! Wir stim _ _men in die Bit_te ein, laßt uns___ die Lust be_

R.W. XIV.

willigt sein! Wir bit _ _ ten,daß der Car _ ne _ val, den ihr ver _ bo _ _ ten, sei er _ laubt. Pa _ ler _ mo

willigt sein! Wir bit _ _ ten,daß der Car _ ne _ val, den ihr ver _ bo _ _ ten, sei er _ laubt. Pa _ ler _ mo

223

R. W. XIV.

Abscheu zu er_kennen, er fühl_te wahr_lich ihn so tief wie ich!

Und da er jetzt Ne_a_pel zu_ge-

eilt, ließ er als Stellver_tre_ter mich zu_rück, und trug mir den Ver_such auf, euch zu bes_sern!

R. W. XIV.

Recit.

228

Lei_denschaft, die fre_vel_haf_te Glut will ich euch küh_len, die wie ein Wind der Wü_ste euch ver_

sengt! Rein! Rein, _____ will ich euch dem Kö_nig ü_ber_ge_ben!

R.W. XIV.

9 Pathetico.

Jetzt sum Ver _ hör!   Bringt die Ver _ haf te ten!

9

(Claudio wird gebracht. Friedrich betrachtet ihn lange mit strengem Blick.)

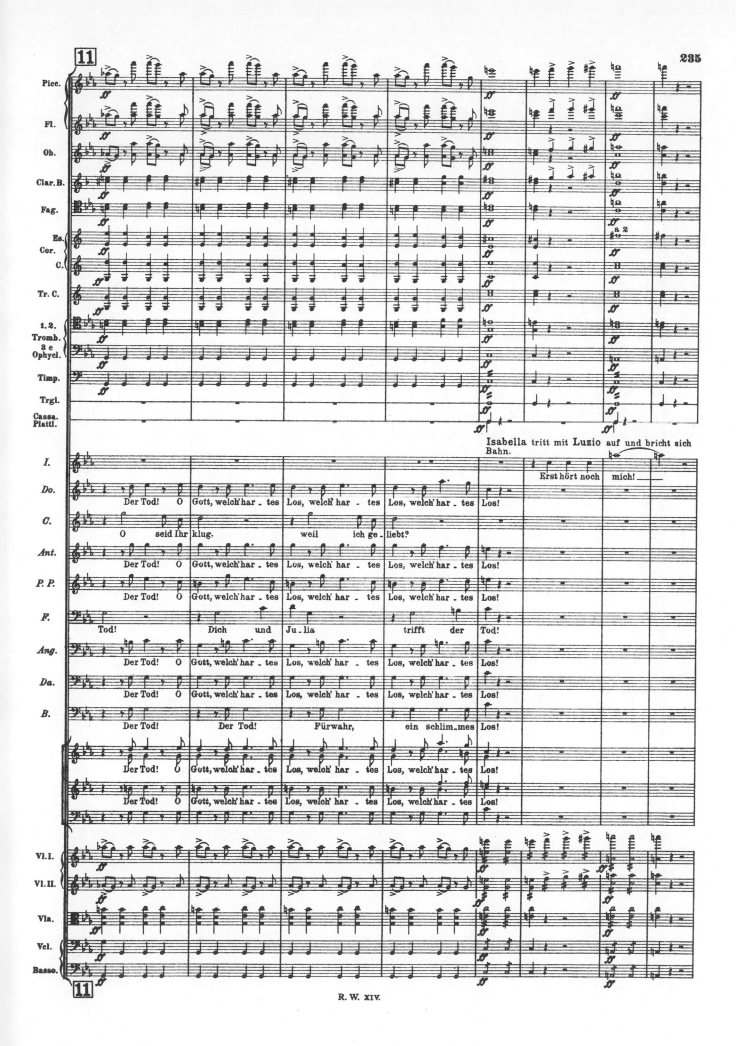

Isabella tritt mit Luzio auf und bricht sich Bahn.

sei dei ner Ret tung ganz ge weih't!

Recit.

Ich bitt'euch, Herr, um ein Ge _ hör; doch laßt die andern sich ent _ fer _ nen!

Friedrich.

Nichts nützen Wei _ ber _ tränen mehr, doch

R. W. XIV.

239

R. W. XIV.

R. W. XIV.

R. W. XIV.

las _ sen, die trost _ los dann ver _ las _ sen, ver _ las _ sen, ver _ las _ sen, ver _ las _ sen steht, die trost _ los dann ver

las _ sen, die trost _ los dann ver _ las _ _ _ sen steht! _____ O, öff _ ne der Schwe _ ster _ lie _ be dein Herz,

lö _ se durch Gna _ de, durch Gna _ de, durch Gna _ de mei _ nen Schmerz!

Die Schwester-lie-be ehr'-re ich, doch Gna-de hab'ich nicht für dich!

Du schmähest je-ne and'-re Lie-be, die

R. W. XIV.

R. W. XIV.

Brust, hat dich ihr Zau-ber nie um-flos-sen mit ih-rem Leid und

ih-rer Lust? Wenn je es ei-nem Weib ge-lun-gen, zu rüh-

252

dei_nen kal_ten Sinn, hat je_ein_Arm dich fest um_schlun_gen,gabst

je_du dich der Lie_be hin, oh, oh, oh,____ so öff_ne, o öff_ne dem

R. W. XIV.

R. W. XIV.

R. W. XIV.

Ha, was soll das?

mir? Du hast in mich niemals ge _ ahn _ te Glut ge _ haucht.

Die Lie _ be, die _____ du mir ver _ kün _ det, faß ich mit hei _ ßerGlut zu

R.W. XIV.

Frechen Heuche_lei!

Was willst du? Nenn'es deutlich mir!

Die höch _ _ ste Lie _ besgunst von dir, und frei, frei ist dein Bruder

R. W. XIV.

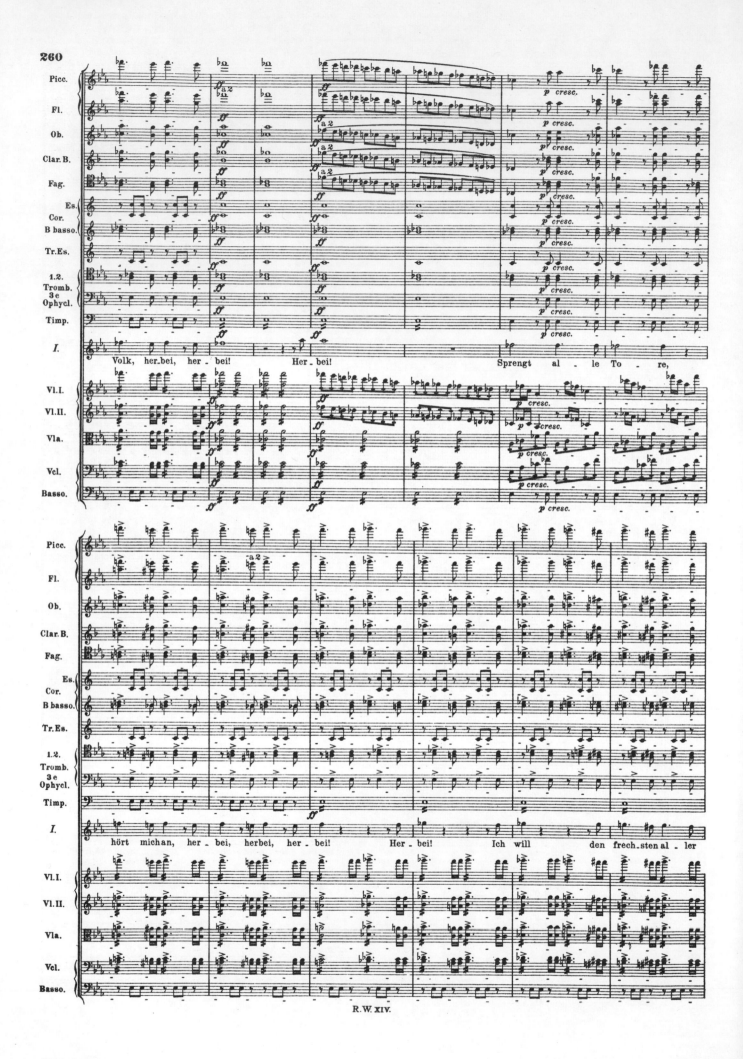

R.W. XIV.

23 Allegro di moderato.

R. W. XIV.

263

R.W. XIV.

R.W. XIV.

268

sempre ritardando

(Isabella sinkt stumm zusammen, der Chor und die Übrigen nähern sich ihr teilnahmsvoll.)

R.W. XIV.

R.W. XIV.

28 Adagio.

(Isabella weißt sie mit einer stummen Gebärde zurück.)

hier! Du schweigst! Wie sol_len wir das deu_ten?

Sie schweiget in stummem Schmerz,

28 Adagio.

271

R. W. XIV.

278

R. W. XIV.

(Sie springt, von einem plötzlichen Gedanken ergriffen, schnell auf.)

R. W. XIV.

281

R.W. XIV.

282

288

R. W. XIV.

R.W. XIV.

R.W. XIV.

294

R.W. XIV.

col. parte

a tempo

R.W. XIV.

308

R.W. XIV.

Allegro di molto.

312

R.W. XIV.

318

R. W. XIV.

R. W. XIV.

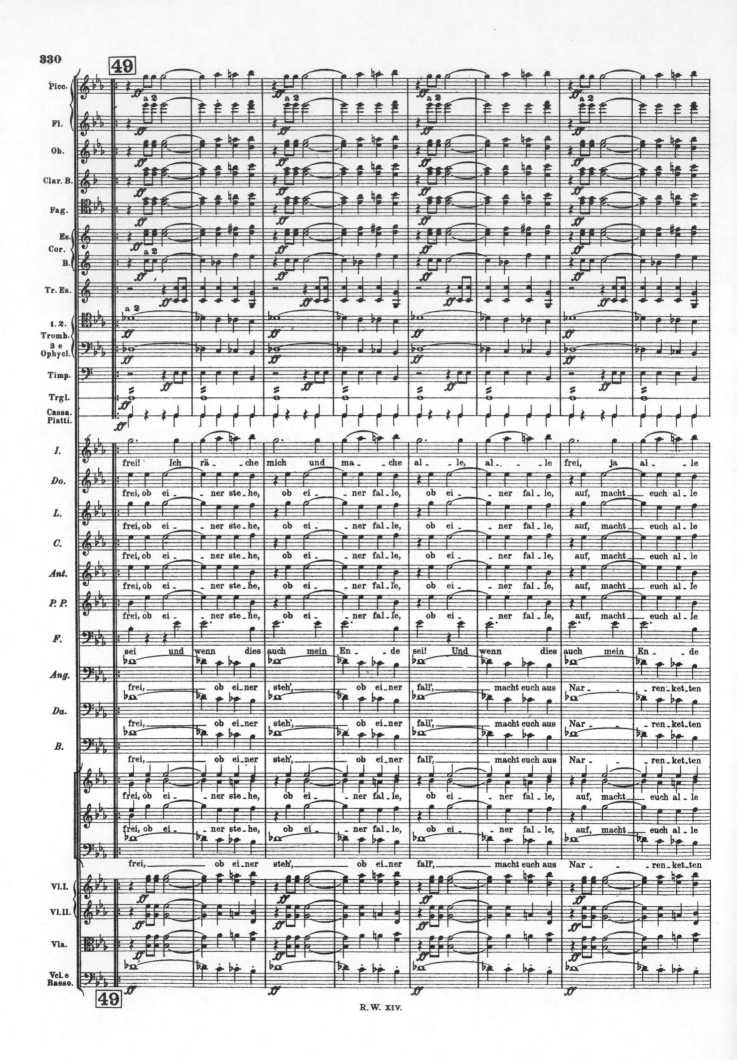

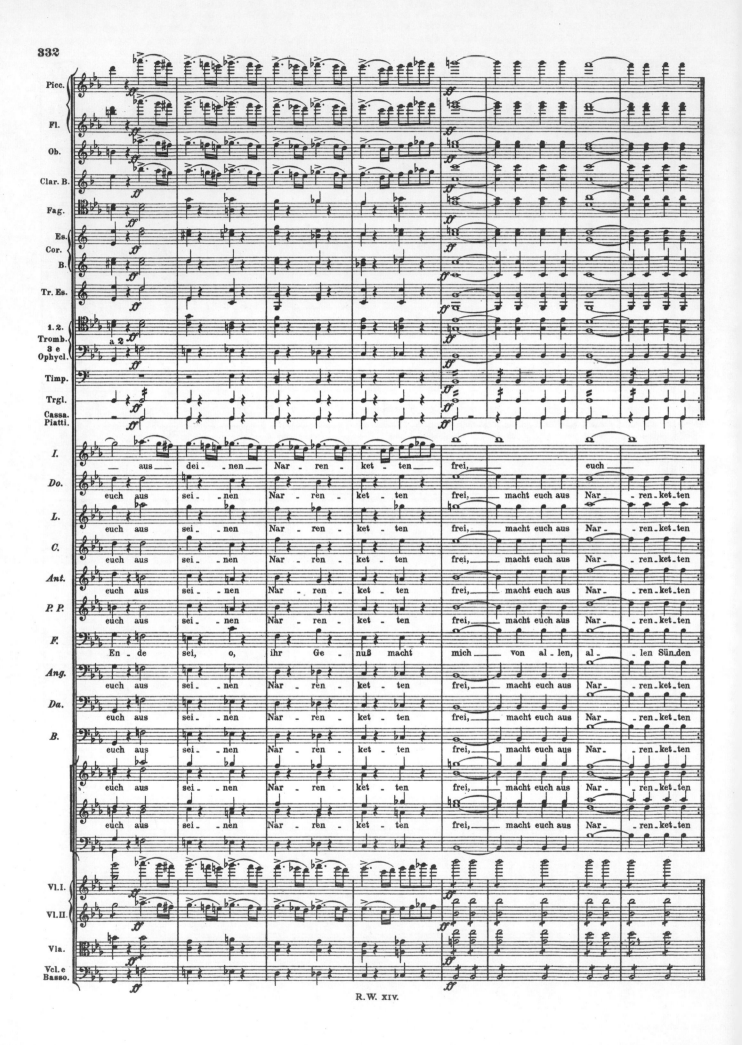

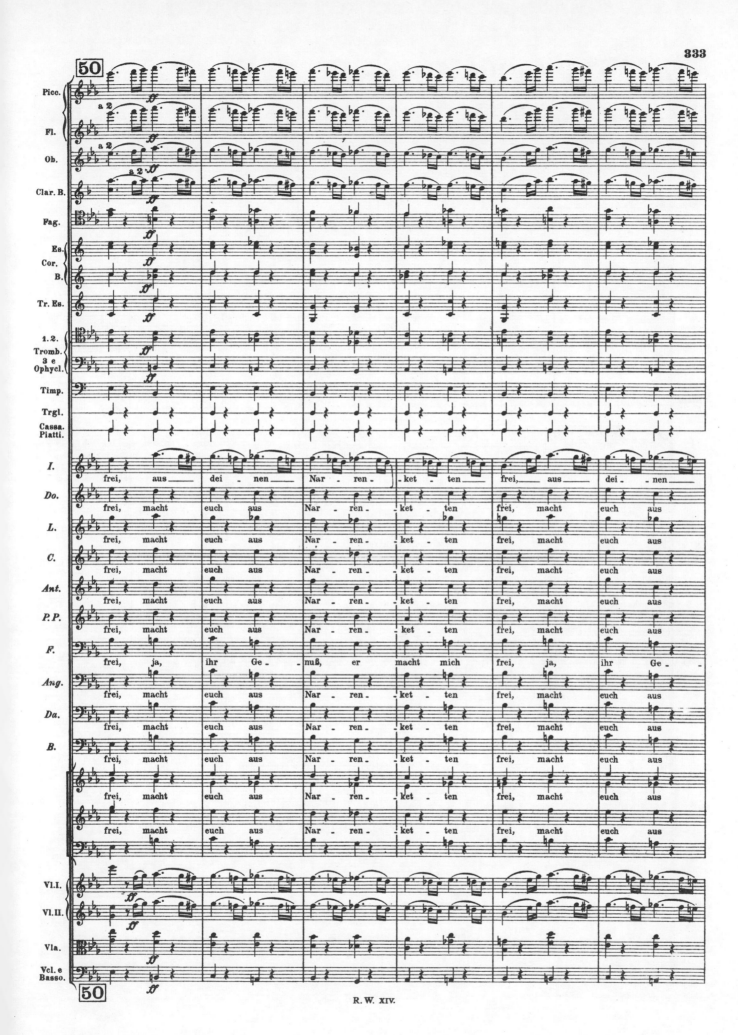

R. W. XIV.

51 Più stretto.

51 Più stretto.

R. W. XIV.

II. AKT.

Nr. 7. Duett.

Gefängnis=Garten. (Claudio allein.)

348

selbst.   Hör', was ge_schah';   zu seinen Fü_ßen   sah' er mich,   und faßte fre_ _ vel_haf_te

R. W. XIV.

R.W. XIV.

352

Vocal text:

I.: Clau_dio, er_ trügest du die Schmach?   Für meine Eh_re stirb als Held!

C.: Schande!   Um sol_ches Opfer sollt' ich le_ben?   Ha, welch'ein Mut be_gei_stert.

Piec.
Fl.
Ob.
Clar. B.
Fag.
Es. Cor.
C.
Tr. C.
1.2. Tromb.
3 e Ophycl.
Timp.

I. *Es har_ret dein der schönste Lohn!*

C. *mich!* *Ha, welch' ein Mut be_gei_stert mich!* *Ha, welch' ein Tod für Lieb'_ und*

Vl. I.
Vl. II.
Vla.
Vcl.
Basso.

Clar. B.
Fag.
Cor. C.
Tr. C.
Timp.

C. *Eh_ _re, ihm weih' ich mei_ne_ Ju_gendkraft, für die er_hab'_ ne Hel_den_eh_ _re, glüh' ich in_ hoher Leiden_*

Vl. I.
Vl. II.
Vla.
Vcl. e Basso.

358

schaft, dem schönen Tod für Lieb'__ und Eh_re, ihm weih't er sei _ ne Ju_gendkraft, für die er_

schaft! Ha, welch' ein Tod für Lieb'__ und Eh_re, ihm weih' ich mei _ ne Ju_gendkraft, für die er_

366

10 **Andante.**

368

Tempo I. (Allegro ma non troppo.)

R.W. XIV.

371

R.W. XIV.

372

Leu_te, her, ihr Leu_te!

R. W. XIV.

R. W. XIV.

kannt, ich ha_be niemals dich ge_kannt, nie, niemals dich ge_kannt!

(Claudio wird in das Gefängnis zurück gebracht.)

Glut, sag' dir die Glut, die mir ent_brannt! O Schwester, I_sa_bel_la!

R. W. XIV.

Nr. 8. Szene und Recitativ.
Isabella.

straft!

Doch dir,mein

sü_ßer Lie_bes_an_ti_po_de, be_reit' ich ei_ne List, sie soll dich fangen, für Narrheit und für Bos_heit dich be _

strafen!

Der Plan ist gut; ich melde Ma_ri_

a _ na, wie sie den Vogel fängt, der ihr entfloh'n!

Sie ist sein

R.W. XIV.

390

R.W. XIV.

To _ desfurcht! Tri _ umpf! Tri _ umpf! Vol _ lendet ist der Plan! Ich spiele mit dem

Tod wie mit dem Scherz, und List und Ra _ che er _ käm _ _ _ _ _ pfen mir den Sieg!

R.W. XIV.

392

NB. Dieses Recitativ kann auch blos gesprochen werden.

7 Dorella kommt

Isabella. Do-rel-la, sieh; nun bist du jetzt be-freit, und stehst du ganz zu Diensten mir?

Dorella. Ge-wiß, ein Wort von euch tat Wunderkraft; ich bin dankbar zu eu-rem Dienst geweiht.

Isabella. So nimm! Hier, die-sen Brief bestellst du an Maria-na, und dem Statthal-ter ü-berbringst du je-nen; den Zu-tritt mußt du finden!

Dorella. Sehr leicht;- der Kauz Brig-hel-la, ist sterblich in mich ver-liebt.

Isabella. Brighel-la? Herr und Diener? Ha, vor-treff-lich! Sah'st du nicht Lu-zio?

Dorella. Ich sah' ihn nicht; Gott weiß, wo-hin er flat-tert!

Isabella. Sprich, ist er so flat-ter-haft, als man ihn im-mer nennt?

Dorella. Ei, und weit mehr: 's gibt nicht ein ein-zig Weib hier in Pa-ler-mo, dem er sich nicht nah-te mit seiner kecken Art. Mich liebt er auch.

Isabella. Was sagst du?

Dorella. O, recht hef-tig; sei-ne Schwüre, Versprechungen, Anträ-ge, Liebkosungen je-doch sind falsch; treu-los ist er wie kei-ner!

Isabella. Ha, ein vor-treff-lich Bild, ich muß ge-stehn! — Wer kommt dort durch die Pfor-te?

Dorella. Wenn man vom Teu-fel nur spricht, so ist er da,— 's ist Lu-zio!

R.W. XIV.

Nr. 9. Terzett.

Isabella, Dorella, Luzio.

Allegro grazioso.

(Luzio tritt auf, und nähert sich galant Isabella, ohne Dorella zu bemerken.)

Allegro grazioso.

R. W. XIV.

Das ist der tau _ _ _ sendste der Schwü _ re!

Se _ ligkeit!

(ausweichend)

Daß ich nicht eins _

_ ins andre führe, _ wann denkt ihr wohl, wird Claudio frei?

Mein Freund, nein, so geht nicht das Ding,

R.W. XIV.

3 **Poco più mosso.**

R.W. XIV.

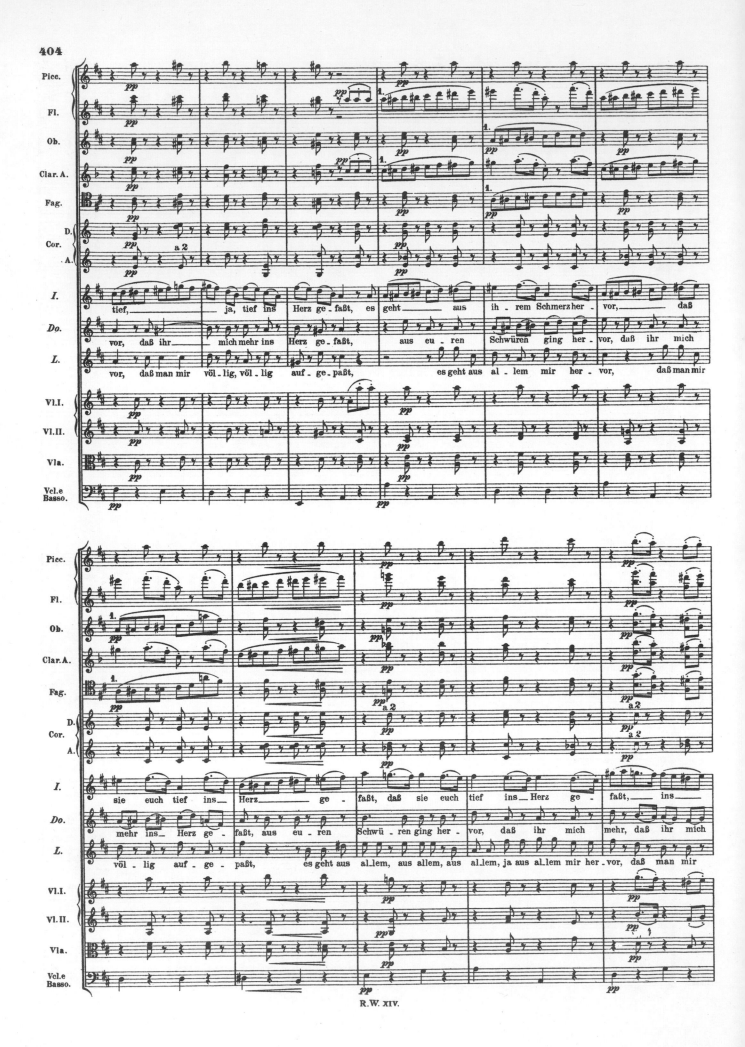

410

R.W. XIV.

411

R.W. XIV.

414

R. W. XIV.

415

R.W. XIV.

R.W. XIV.

Picc.
Fl.
Ob.
Clar. A.
Fag.
E. Cor.
A.
Tr. D.
1.2. Tromb.
3e Ophycl.
Timp.

I. aus, erst soll er quä _ len sich und mühn, dann lach' ich ihn voll Freu _ de

Do. aus! Was wollt ihr euch um sie nur mühn, sie lacht euch doch bei zei _ ten

L. aus, ich möch _ te Gift und Flam _ men sprühn, und sie lacht mich wohl gar noch

Vl. I.
Vl. II.
Vla.
Vcl.
Basso.

426

R.W. XIV.

428

(Dorella ist abgeeilt.)

(Luzio wirft sich wie rasend auf eine Bank. Pontio kommt.)

Recitativ. (gesprochen)

Isabella.

Vernimm, mein Freund, um was ich dich jetzt bit-te: Vor heu-te Nacht wird Friedrich ein Patent, das meinen Bruder Claudio be-

trifft, hie-her be-stel-len; verschweig' es meinem Bru-der, such' mich dann auf dem Cor-so auf und gib mir's.

Pontio.

Ver-

Isabella (wirft ihm eine Börse zu). *Pontio* (steckt die Börse ein). *Isabella.*

heim-li-chen? Das geht nicht! War-um nicht, Narr? O ja, es geht! Nun denn, be-acht' es wohl! Signor, lebt

(ab) Folgt der Dialog.

wohl!- Ich seh' euch die-se Nacht!

Luzio und Pontio.

Luzio (springt wie besessen auf).

Heut' Nacht! ja wohl, heut' Nacht! 's wird lustig hergehen, ich kann mir's denken!- O! Weiber! Weiber! Ich spielte erst mit euch,- wie spielt ihr jetzt mit mir! Fluch ihnen!- (Er rennt in der Hast Pontio um, der ihm verwundert zugesehen hat)- Was ist das für ein Kerl?-

Pontio (sich aufrichtend).

Seid ihr gescheut? Was ist das für ein Benehmen?

Luzio.

Zum Teufel Pontio? Wie kommst du hierher, Kerl? Bist du ein Gefangener, oder was sonst?

Pontio.

Weder ein Gefangener, noch ein Sonst.- Seht mich recht an, ich bin Schließer!

Luzio.

Und dazu nahm man dich, den verworfensten Spitzbuben in ganz Sicilien?

Pontio.

Wahrt eure Zunge!- Sagt, was sollt' ich tun? Alle Wirtschaften sind aufgehoben, alles wird ordentlich, mein Gewerbe ist dahin!- Was sollt' ich anfangen? Man braucht Sbirren,- man bietet mir die Aufnahme in ihre noble Gesellschaft an, ich werde sogar Schließer!- (Luzio lacht bitter.) Was ist da zu lachen?- Ich bin sittsam geworden,- ich beschütze die Tugend, und wache über alle lüderlichen Leute.

Luzio.

So ist es recht! Lumpengesindel braucht man, um seine heuchlerischen Schurkereien auszuführen!- Laßt mich zu Claudio!

Pontio.

Das geht nicht, Signor!

Luzio.

Da werde ich dich fragen!- Ich muß ihn sprechen,- ich muß ihn beschwören, eher sein Leben, als seiner Schwester Ehre zu opfern!-

Pontio.

Laßt ihm doch das Leben, und ihr die Ehre!- Mit einem Wort, es darf niemand zu ihm.

Luzio.

Der Schurke macht mich verrückt!- (Er packt ihn.) Willst du weichen, Halunke, oder ich würge dich!

Pontio (schreiend).

Zu Hülfe! zu Hülfe! Herbei! Herbei! (Es kommen mehrere Sbirren) Arretiert dieses Ungeheuer! Macht euch an ihn,- steckt ihn ein! In's Loch! In's Loch!

Luzio.

Die Frechheit dieses Kerles macht mich rasend!- (Er prügelt ihn,- die Sbirren fallen über Luzio her; er wehrt sich eine Zeitlang, schlägt sich durch, tritt Pontio nieder, und entspringt über die Mauer.)

Pontio.

(indem ihm die Sbirren aufhelfen und ihn forttragen).

Jedes Amt hat seine Mühseligkeiten, das merke ich nun wohl!- Ich glaubte, jetzt nur Prügel austeilen zu dürfen,- statt dessen bekomme ich sie noch, nach wie vor!- O schlimmes Amt!

(Alle ab.)

Nr. 10. Szene und Arie.

Friedrich. (Ein Zimmer in Friedrichs Palast.– **Friedrich** allein.)

NB. Wenn es die Stimme des Sängers erfordert, kann diese Arie nach F transponiert werden.

R.W. XIV.

So spät und noch kein Brief von I_sa_bel_la? ver_lang' ich nicht danach wie nach dem Heil der See_le?

Was hat ein Weib aus dir ge_macht! Arm_se_li_ger, wo_hin ist das Sy_stem, das du so wohl ge_

432

ordnet, hingefloh'n?

Ein Hauch von ihrem warmen A _ tem nur, und wie ein

frost' _ ger Wintertraum zer _ flossen!

O, nicht zum Sklaven blos macht mich die Lie _ be, der Pflicht und

R.W. XIV.

 Eh _ re zu ver _ ges _ sen zwingt mich ih _ re rä _ chen _ de Ge _ walt!   Ich lieb _ te nie,-

a tempo

das lern _ te Ma _ ri _ a _ na, die ich einst treulos, kalt verließ!

Doch als mir I_sa_bel_la die Erdenlie_be er_schloß, da schmolz das Eis in tausend Lie _ _ bes_tränen!

438

Allegro.

(Brighella kommt und führt Dorella herein, welche Friedrich ein Billet überreicht.)
(Beide bleiben an der Tür stehen.)

Friedrich.

Von Isabella,   diese Nacht;— am Ausgang des Corso;— Wie? Verlarvt?—

R.W. XIV.

Glü — — hend sten be glü — — cken, mir — Sel'gem ih — re Lie — be weih'n!

Himm — li sches Ent — zü — cken, noch heu te wird die Schönste mein! — Sie will den

Mich zu verlarven? Darf ich's wa_gen, ver _ bot

_ ich nicht das Mas _ ken_fest? Sollt' ich zum zweitenmal, zum zwei_tenma _ le fehlen? Und doch, ist's nicht das

mein?__ Sie will den Glü _ _ hendsten be _ glü _ _ cken, mir Sel'gem ih _ re Lie _ _ be weih'n! Den

Glü _ _ hendsten will sie be _ glü _ cken, darf ich noch ei _ ne Sün _ de, ei _ ne Sün _ de scheu'n, darf_____ ich

446

Ehr bring' ich selbst, mich dem Ge _ setz als Op - fer dar, ehr sterb' ich selbst!

(Er unterzeichnet ein Urteil und überreicht dies Brighella.)

Claudio, du stirbst, — ich folg'dir nach! O, wie ver_

schling'ich die Ge_danken, die wie Dä_mo_nen mich durch_su_cken. Im

Fie_ber wal_let mir das Blut, ich bin mir mei_ner nicht be_wußt!—

Picc.

Fl.

Ob.

Clar. A.

Fag.

G.
Cor.
D.

Tr. C.

1. 2.
Tromb.
3 e
Ophycl.

Timp.

F.

Wie trag' ich Qua _ _ len und Ent _ zü _ cken, es

Vl. I.

Vl. II.

Vla.

Vcl. e
Basso.

Ob.

Clar. A.

Fag.

G.
Cor.
D.

1. 2.
Tromb.
3 e
Ophycl.

Timp.

F.

har _ _ ret Tod _ und _ Wol _ _ lust mein; ich will sie an den Bu _ sen drü _ _ cken, ich will ihr

Vl. I.

Vl. II.

Vla.

Vcl. e
Basso.

R. W. XIV.

450

Gott und Höl_le_ weih'n, ich will ihr Gott und Höl_le_ weih'n, ich will ihr Gott und Höl_le_ weih'n!

Ich will ihr Gott und Höl__le weih'n!

(ab)

R. W. XIV.

(Brighella und Dorella sind geblieben.)

Dorella.

Lebt wohl, Signor Brighella,– die Heiligen mögen euch beschützen!

Brighella (hält sie).

Bleib nur noch einen Augenblick!

Dorella.

Laßt mich.

Brighella.

Nein, länger halte ich mich nicht. Mag mich der Statthalter morgen hängen lassen,– der Teufel hole seine Liebesverbote!– Ich bin in dich verliebt wie rasend und habe schon meinen ganzen Verstand darüber verloren!

Dorella.

Ach, das wäre schade!– Du liebst mich?

Brighella.

Bis zum Wahnsinn!– Kann ich dich nirgends treffen?

Dorella.

So? gleich ein Rendezvous?– Nun gut, so komm heute Abend auf den Ausgang des Corso!–

Brighella.

Verdammt! dort ist's gewöhnlich sehr belebt!

Dorella.

Hilft nichts! Du mußt dich maskieren; auch ich erschein' maskiert.

Brighella.

Ach, das bricht mir ja den Hals! Der Carneval ist streng verboten, das darf ich nicht wagen!

Dorella.

So sei kein Narr,– wir werden nicht die einzigen sein; noch ganz andere Leute, als wir zwei, werden sich verlarven.

Brighella.

Ich tu es nicht!

Dorella.

So geh', wohin du willst!– Addio!–

Brighella.

Ja, ja, ich will mich verlarven, maskieren von oben bis unten!– Ihr Heiligen, was macht so ein Schelm nicht alles aus mir!

Dorella.

Ich komme als Colombine,– und, daß ich dich erkenne, kommst du als Pierrot!

Brighella.

Weh' mir, als Pierrot!

Dorella.

Nun genug,– leb' wohl! Heut' Nacht– leb' wohl, mein süßer Pierrot!
(Sie giebt ihm einen flüchtigen Kuß und eilt davon.)

Brighella (sieht ihr erstaunt nach).

Und das war nur ein Kuß!
Ein Kuß! und den will mir der Statthalter verbieten? Den Teufel in sein Liebesverbot! Kann er's aushalten, so ist er Deutscher! Ich bin Sicilianer, und zwar von erstaunlich guter Geburt!--
Aber warum ich mich nur maskieren soll?– Ob das meinen Reiz erhöhen soll?– Ihr Heiligen, wenn man mich erwischt, wie würde mir die Liebe bekommen!

(Geht ab.)

Nr. 11. Finale.

Allegro molto vivace.

(Der Ausgang des Corso; im Vordergrunde Lusthäuser mit parkähnlichen Anlagen; ein Zelt mit Erfrischungen des **Danieli.**
Man sieht nach hinten in den Corso hinab. **Angelo, Antonio, Danieli** in seinem Zelte, Volk, junge Männer und Frauen, alle meistens halb oder ganz maskiert, italienische Charaktermasken u.s.w. Alles wogt bunt durcheinander. Es ist Abend.)

Allegro molto vivace.

So recht,   ihr wackern, jungen Leu_te!

Ein _ mü _ tig haben wir be _ schlossen, dem al _ bernen Ver _ bot zum Trotz, den Car _ neval froh zu begeh'n.

reit sind wir zum Feste schon, wir ordnen bald die Prozes _ sion!

R.W. XIV.

458

Pa _ ler _ mo's   Frauen sind be _ reit,   sie   tei _ len   je _ de Lustbar _ keit!

Ihr buntes Volk, macht euch her_an! Hört mich, hört mich und was ich sage an! hört mich an, hört mich

R.W. XIV.

(Alles zieht sich nach seinem Zelte.)

an, hört mich an! _____ Ich biet' euch meinen ganzen Rest, den ganzen Kel _ _ ler voll von

461

Wein! Laßt seh'n, wer uns ver_hindern läßt, am Car_ne_val ver_gnügt zu sein!

Das läßt sich

R.W. XIV.

(Danieli teilt Wein und Erfrischungen aus. Man trinkt und jubelt.)

Willkommen ganz Pa_ler_ mo hier!

R.W. XIV.

(Erst bei der Wiederholung wird gesungen.)

ju _ belt in das | Fest hinein, zur | Lust begeist're | uns der Wein, wenn | jauchzend ganz I _ | talien bebt, sei | auch Si _ ci _ lien | So

R.W. XIV.

468

(Während des Vorspiels und der Nachspiele wird ein feuriger sicilianischer Charaktertanz ausgeführt.)

478

480

Heut' ist Be _ ginn des Car_ne _ vals, da wird man, sei_ner sich be _ wußt, da wird man sei_ner sich be _ wußt!_ Trala
Das ist das Recht im Car_ne _ val, da_bei wird man sich sein be _ wußt, da_bei wird man sich sein be _ wußt!_ Trala

la la la la la la la la la   la la la la la la la, her_bei, her_bei!   Ihr Leu_te all, trala   la la la la la la la la   la la la la la la! Jetzt gibt es Spaß, jetzt
la la la la la la la la la   la la la la la la la, her_bei, her_bei!   Ihr Leu_te all, trala   la la la la la la la la   la la la la la la! Jetzt gibt es Spaß, jetzt

485

la la la la la la la! Jetzt gibt es Spaß, jetzt gibt es Lust!

R. W. xiv.

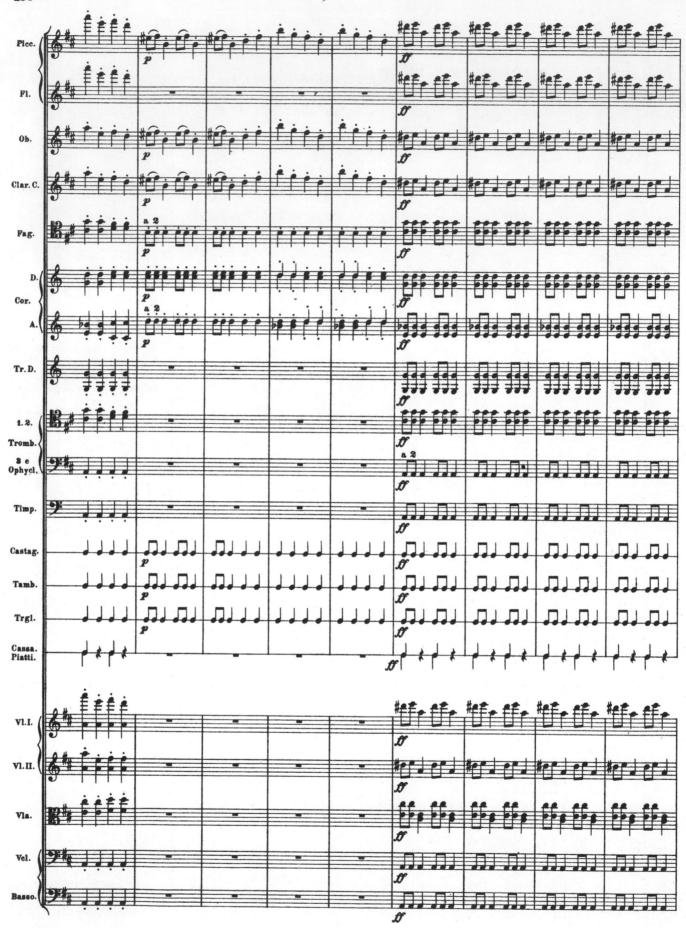

3. In Jubel_rausch und Hochge_nuß, tra_la_la la la   la!   Er_tränkt die gold_ne Freuden_zeit, trala la la la   la!

Zum Teufel fah_re der Ver_druß! La! Und hin zur Hölle Traurig_keit! La! Wer sich nicht

(Der Tanz ist nach jedem Verse immer feuriger und wilder
geworden.)

la la la la la la la! Es war zum Spaß, es war zur Lust!

la la la la la la la! Es war zum Spaß, es war zur Lust!

la la la la la la la! Es war zum Spaß, es war zur Lust!

la la la la la la la! Es war zum Spaß, es war zur Lust!

la la la la la la la! Es war zum Spaß, es war zur Lust!

la la la la la la la! Es war zum Spaß, es war zur Lust!

R.W. XIV.

Verteilt euch jetzt in je _ ne Straßen! Entlarvt euch, Freunde, und seid ruhig, rechtfert'gen will ich si _ cher

schieht?

schieht?

schieht?

schieht?

(Alle zerstreuen sich nach verschiedenen Seiten. Die Sbirren, in einzelne Patrouillen verteilt, folgen ihnen.)

R. W. XIV.

504

(Brighella allein bleibt zurück, blickt nach allen Seiten, ob er allein sei.)

(Er legt seinen langen Mantel und großen Degen ab, versteckt beides in das Gebüsch und zeigt sich so in der Maske des Pierrot, der er noch die weiße Gesichtslarve zufügt.)

(Er sucht ängstlich nach Dorella.)

R. W. XIV.

505

(Er glaubt sie in der Ferne zu sehen und läuft ängstlich davon.)

18 Moderato con moto.

Isabella. (Isabella und Mariana treten auf, beide in einer ganz gleichen, reizenden Maske.)

Ver_weile hier, hier muß er

R. W. XIV.

508

R.W. XIV.

nach lan _ gem Gram _ ein Glück; _ o bringt ihn, güt' _ ge Ster _ e, voll Reu _ e mir zu _

rück! _ O bringt ihn, güt' _ ge Ster _ _ ne, _ voll Reu _ e _ mir zu _ rück, voll Reu _ e

ihn _ zu _ rück, voll Reu _ _ _ _ e ihn zu _ rück!

R. W. XIV.

R.W. XIV.

R.W. XIV.

516

(Mariana zeigt sich in der Ferne.)

F. los! Wo bleibst du, I _ sa_bel_la? Ha, wer kommt dort? 's ist ein

(Mariana gibt ihm ein Zeichen.)

F. Weib! Ist sie's? Das ist das Zei_chen! Wel_che Won_ne! Du bist es, himm_li_sches Ge_

R.W. XIV.

518

R.W. XIV.

R.W. XIV.

R.W. XIV.

524

R.W. XIV.

525

R.W. XIV.

528

R. W. XIV.

B. dich um al_le Welt, ich muß da _ von, bleib hier für mich, bleib hier für mich, bleib hier für mich, bleib hier für mich! Steh' Wa_che hier am Pa_vil _

(in zunehmender Verwirrung)

B. lon, laß nie_mand zu, laß nie_mand aus! Nicht doch! Ja, ja! Nein, nein! Zum Teu _ fel! Fang' ihn gleich auf, den Lum_pen _

(Isabella ist an eine Fackel getreten und liest das Schreiben.)

(Pontio stellt sich im Hintergrund an einem Pavillon als Wache auf.)

32 Allegro molto feroce.

R. W. XIV.

(Luzio kommt.)

Greift zu den Waf . fen! Auf, zur Ra _ che! Stürzt ihn, den schändlichen Ty _ ran _ nen!

sprich!

sprich!

sprich!

sprich!

sprich!

544

R. W. XIV.

546

R. W. XIV.

R.W. XIV.

R.W. XIV.

551

R. W. XIV.

R. W. XIV.

R. W. XIV.

562

R. W. XIV.

R. W. XIV.

R. W. XIV.

Zieht ihm im Mas _ kenzug ent _ ge _ gen! Signor Statthalter, führt ihn an! Ihn freu _ en bunte Scherze

Allegro molto vivace.

mehr, als eu_re trau _ rigen Ge _ set_ze!

40 Allegro molto vivace.

570

R.W. XIV.

(Man ordnet den Festzug nach den Gebräuchlichkeiten der Prozession zur Eröffnung des Carnevals. Voran das Musikcorps. Friedrich und Mariana eröffnen den Zug. Masken aller Art und von allen Charakteren folgen. Man zieht über den Vordergrund den Corso hinab, Kanonenschüsse und Glockengeläute verkünden die Ankunft des Königs. Der Zug kommt vom Corso zurück mit dem König und seinem Gefolge an der Spitze. Zum Schlusse eine Gewehrsalve.)

Lust!

Lust!

574

Marcia.

Marcia.

Wenn keine Bühnenmusik vorhanden, empfiehlt es sich, die 3. 4. 5. u. 6. Trompeten-Stimmen im Orchester blasen zu lassen, die Orchester-Stimmen fallen dann fort; ebenso ist die der kleinen Trommel im Orchester zu spielen, die 4 Hörner Seite 580 sind von den Hornisten im Orchester zu blasen.

R.W. XIV.

R.W. XIV.

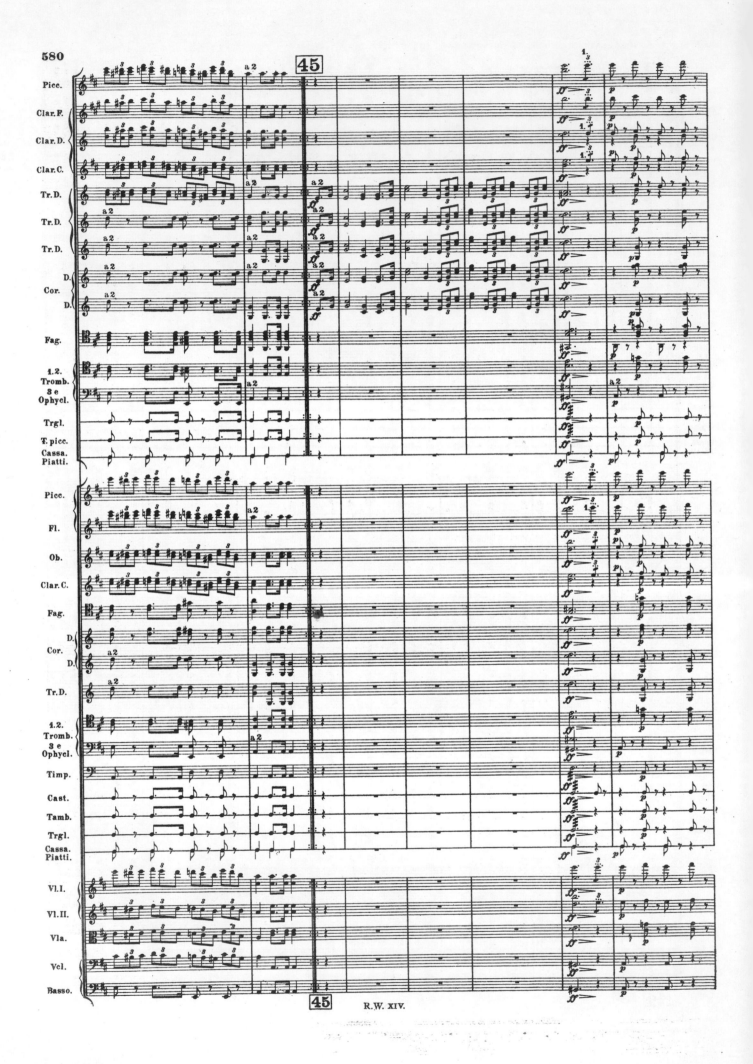

580

R.W. XIV.

Da Capo segno Coda.

Coda.

Da Capo segno Coda.

Coda.

Da Capo segno Coda.

R.W. XIV.

Coda.

583

R.W. XIV.